Rezepte und Partyklassiker der 70er Jahre

Die 1970er Jahre kulinarisch gesehen - Rezepte mit Kultcharakter

von Michaela Burgmeister

2. Auflage Mai 2016

Inhaltsverzeichnis

Vorwort des Herausgebers

Die 1970er Jahre - ein kulinarisches Jahrzehnt

Die 1970er Jahre können ohne Probleme als Kultjahrzehnt bezeichnet werden. In jedem dieser zehn Jahre ist etwas Außergewöhnliches passiert. Nicht immer positiv, nein, auch mal trauriges. So zum Beispiel 1972 das Attentat auf die Olympischen Spiele. Aber auch erfolgreiches ist passiert, wie der zweite WM-Sieg 1974 durch Deutschland. Musiktechnisch wurden die 70er durch Stars wie ABBA, Rod Stewart, Elton John oder ACDC geprägt, die sich bis in die heutige Zeit gehalten haben, und zu den erfolgreichsten Musikern der Welt zählen. Das TV wurde bestimmt vom Tatort, von Serien wie Die 2, CHIPS und Kojak. Erdöl gab es auch nicht, und daraus resultierend die autofreien Sonntage.

Was aber das Besondere der 70er Jahre war, und teilweise auch bis heute ist, sind die kulinarischen Leckereien die es in der Zeit gab. Dabei gab es auch Kultgetränke und auch Kultessen, welches sich bis heute gehalten hat. Da sind zum Beispiel Asbach-Cola zu nennen, oder die Pfirsich- oder Erdbeerbowle. Auch Quensch, ein Pulver zum selber anmischen war beliebt, Florida Boy für uns Kinder oder Kellergeister für die Eltern. Eines der kultigsten Getränke der 70er Jahre aber , war der Apfelkorn. Ich weiß nicht wer ihn nicht getrunken hat in der damaligen Zeit. Dazu gesellte sich dann noch der Jägermeister hinzu, der mit Cola oder pur getrunken wurde. Ein besonderes Highlight war aber die Fanta mit Eierlikör. Ein Getränk welches heute leider keine Beachtung mehr findet. Dabei ist dies Getränk der Auslöser für viele cremigen Getränke in den folgenden Jahren.

Natürlich gab es auch Kulinarisches in den 70ern, was sich bis heute gehalten hat. Da gibt es soviel, das mir der Platz nicht ausreicht um alles aufzuzählen. Dennoch möchte ich viele kultige Speisen nennen, und gegebenenfalls auch Erfahrungen dazu geben. Beginnen möchte ich mit den Klassikern wie Käse-Igel und Mett-Igel. Die waren einfach da. Egal wo man wann hingegangen ist, die beiden Igel standen da. Auf Mottopartys in der heutigen Zeit sind sie ebenso wenig weg zu denken, wie das Toast Hawaii, welches ja auch heute noch in den verschiedensten Variationen angeboten wird. Falscher Hase, also ein Hackbraten, war auch ein sehr beliebtes Essen. Besonders Sonntags gab es das bei uns öfters zum Essen. Abends so zum Tatort, gab es dann noch das Russische Ei, ein ausgehöhltes Ei, gefüllt mit einer bestimmten Creme. Ein Klassiker aus den 70ern ist auch der Krabbencocktail, der ja auch heute noch serviert wird, und zu den berühmtesten Speisen zählt.

Das gleiche gilt für den Geflügelsalat mit Früchten. Den essen meine Kinder heute sehr gerne, und ich muss schauen, dass ich was abbekomme. Wer kennt denn nicht das Püree aus Wirsinggemüse und Kartoffeln? Ein Renner heute den wir damals gehasst haben. Mein absoluter Favorit, auch heute noch, Frikadellen mit Senf. Dabei spielt die Größe keine Rolle. Auch ein geniales, bis heute gern genommenes Essen, ist der Leberkäse gebraten, mit Senf. Bei meiner Oma gab es immer verschiedene Eintöpfe. Erbseneintopf oder Möhreneintopf. Das was es am meisten bei ihr gab, und eine Kultsuppe auch über die 70er war, ist die Ochsenschwanzsuppe.

Oh Mann, haben wir die geliebt und gehasst. Zu jeder Gelegenheit gab es diese Suppe. Das gleiche gilt auch für die Gulaschsuppe, die bis heute ja ihren Kultstatus nicht verloren hat. Damals war es schon was besonderes, wenn es Gulaschsuppe gab. Wo wir gerade beim Gulasch sind. Diesen mit Knödeln war immer ein Highlight bei uns. Was aber gänzlich in Vergessenheit geraten ist, ist, Gulasch im Brotlaib. Den Brotlaib vom Bäcker aufgeschnitten, ausgehöhlt, unten mit Sauerkraut belegt, dann den kräftig gewürzten Gulasch rein und den Deckel drauf. Ein Gedicht. Weniger lecker für uns, waren die sonntäglichen essen bei Tanten und Onkel. Da gab es dann Hühnerfrikassee, Geschnetzeltes oder Beouf Stroganoff. Alles hat das gleiche Aussehen gehabt, und war für uns Kinder kein Essen. Da waren die allseits beliebten Nudeln mit Hackfleischsoße schon wesentlich lieber gesehen. Oder das Schnitzel mit Pommes. Eben Klassiker. Genauso wie das Brot mit Lachsersatz. Oh Mann was hat mein Erzeuger das früher gegessen. Oder diesen Thunfisch aus der Dose, fertig als Salat. Die 70er waren auch die Zeit der Cremesuppen. Auweia, Tomatencremesuppe, Champignonrahmsuppe. Alles was heute kaum noch gegessen wird. Klassiker wie das Cordon Bleu, Crepes Suzette oder gefüllte Paprikaschoten gibt es heute ja auch noch.

Natürlich darf auch der dazu gehörige Nachtisch nicht fehlen. Außer dem normalen Knabberzeug wie Flips, Chips, Erdnüsse und Schokolade gab es noch viele leckere Kuchen und Puddings, die es heute auch noch gibt. Da ist zum Beispiel der Mega-Klassiker, die Erdbeertorte mit Schlagsahne. Da haben wir als Kinder immer reingehauen als gäbe es am nächsten Sonntag keine mehr. Und die Schlagsahne löffelweise geschleckert. Oh ja das waren gute Kuchenzeiten. Dazu gesellte sich dann der absolute Renner, der Frankfurter Kranz. Wenn ich daran heute denke und ihn in einer Bäckerei sehe, muss ich mir ein Stück kaufen. Aber das absolute Kuchen-Highlight der 70er Jahre ist wohl der Kalte Hund oder die kalte Schnauze wie sie auch genannt wird. Ein Kuchen aus Palmin-Kokosfett, Schokolade und Butterkeks. Geschichtet und dann im Kühlschrank zum festen Kuchen gekühlt. Ein Gedicht, ein Traum von einem Kuchen. Dieser gelingt aber nur, und das ist Erfahrung, mit dem Originalfett von Palmin. Auch diese gekochten Puddings waren immer was Besonderes. Man kam sich immer vor, als würde man eine Belohnung bekommen, weil man brav war. Die ganze Wohnung hat nach dem Vanille-Aroma oder der Schokolade gerochen. Einfach lecker. Heutzutage ist es ja so, das alles nur noch aus Pulver oder anderen Sachen. Die schmecken lange nicht so, wie es in den 70ern war. Beispiel dafür ist auch das Dolomiti-Eis. Früher hat es absolut fruchtig und gut geschmeckt, heute der Geschmack ist viel zu süß. So kann eben nicht alles aus den 70ern geschmacklich übernommen werden.

Die 1970er waren schon, kulinarisch gesehen, ein absolut klasse Jahrzehnt. Dies ist nicht so leicht zu toppen, und jeder, der wie ich Kind war in der Zeit, vermisst einiges davon. Es war schon ein besonderes Jahrzehnt, in dem viel passiert ist. Kulinarisch gesehen auf jeden Fall der Vorreiter auch für die Fast-Food-Generation heute.

Ok, früher war nicht alles besser, und vieles hat sich inzwischen zum Positiven verändert. Trotzdem haben die 70er Jahre für mich eben das gewisse Etwas, eine besondere Identität, die danach ein wenig verloren gegangen ist.
In diesem Sinne ist es mir eine besondere Freude, hier diesen Rezeptband vorzustellen. Ich hoffe, es kommt einiges von der Lebensfreude rüber, die für dieses Jahrzehnt irgendwie typisch war. Viel Freude beim ausprobieren der Rezepte und guten Appetit!

Uwe Klein

Die 1970er Jahre waren eine ganz besondere Zeit. Die Menschen haben den Krieg hinter sich gelassen und waren bereit, wieder nach vorne zu sehen. Das zeigte sich auch im Lebensgefühl, das in allen Bereichen zu merken war. Die Aufbruchsstimmung der Menschen zeigte sich auf ganz unterschiedliche Weise. Die neue Generation begann, sich durch ihr Äußeres abzusetzen und auch im Bereich der Kulinarik hat sich einiges getan. Genuss ist ein wichtiger Punkt in den 1970er Jahren. Die vielseitigen Möglichkeiten, endlich wieder verschiedene Lebensmittel in einer relativ großen Menge probieren zu können, sorgten dafür, dass Genuss im Vordergrund stand.

Den Vorgaben entfliehen – die neue Generation der 1970er Jahre

Wer sich in den 1970er Jahren auf der Straße umgesehen hat, dem ist vor allem eines aufgefallen: Lange Haare und ein bunter Look. Die Haare der Jugend durften wachsen und wurden ganz sicher nicht geschnitten. Warum? Die Jugend wollte weg vom strengen Kurzhaarschnitt, der an das Dasein als Soldat erinnert hat. Die Haare hingen bis in die Augen und gingen über die Ohren. Gerade für die ältere Generation war es eine schwierige Zeit, die jedoch auch viele neue Blüten mit sich trug.

Freiheit, Toleranz und Liebe – das waren die Begriffe, die in den 1970er Jahren besonders häufig in den Mund genommen wurden. Ihren Höhepunkt fanden sie im sogenannten Woodstock-Festival. Auch wenn das erste Festival bereits 1969 ausgerichtet wurde, war es dennoch ein Symbol für die wilden 1970er Jahre. Mehr als 400.000 Besucher fanden sich in Woodstock ein und rissen mit ihrer Lebensfreude aber auch mit ihrem Überschwang die ganze Welt mit. Musik wurde zu einem Ausdruck der Verbundenheit. Kein Wunder also, dass die Beatles große Erfolge feierten und einen hohen Bekanntheitsgrad erreichen konnten.

Generell gelten die 1970er Jahre als der Beginn einer Diskozeit, in der Glitzer und Glamour im Vordergrund stand. Das Lebensgefühl brachte Nächte voller Musik und Tanz mit sich. Menschen kamen zusammen, die sonst nie zueinander gefunden hätten. Nicht wenig hat auch die schwedische Pop-Band ABBA dazu beigetragen. Die Gruppe konnte mit Hits, wie „Waterloo" die Fans für sich gewinnen. Agnetha und Björn, Benny und Anni-Frid landeten einen Hit nach dem anderen. Das Geheimnis ihres Erfolges? Die Musik war eingängig und blieb im Kopf, die Tänze konnten von jedem mitgetanzt werden und die farbenfrohen Kostüme auf der Bühne strahlten die pure Lebensfreude aus. Doch das war noch längst nicht alles. Auch Musical-Filme fanden eine Menge Liebhaber und sorgten dafür, dass John Travolta in dieser Ära unvergesslich wurde. Auf „Saturday Night Fever" folgte „Grease". Bis heute handelt es sich bei diesen Filmen um Klassiker, die es perfekt verstanden haben, das Flair der 1970er Jahre einzufangen und nach außen zu tragen.

Was Rock'n'Roll in den 1950er Jahren war, das war der Disco-Fox in den 70er Jahren. Gegen Ende des Jahrzehnts zeigten sich erste Interessen in Richtung Soul. James Brown war der damalige Godfather of Soul und hat mit seiner Kombination aus Rhythm und Gospel sowie einem Hauch von Blues die Menschen mit sich gerissen. In den 1960er Jahren zeigte sich eine Tendenz zum Single-Tanz. Nur zehn Jahre später haben sich die

Paare wieder zusammen gefunden und das Together-Dancing wieder aufgenommen. Es entstand der Beat-Fox, der mit deutlich mehr Schwung als der Foxtrott daher kam.

Wie kamen die Menschen zu den Tanzabenden? Natürlich auf der Schwalbe. Die Simson Schwalbe war eines der beliebtesten Fortbewegungsmittel der Zeit und wurde nur zu gern genutzt, um die Mädchen zu beeindrucken und von A nach B zu kommen. Es lohnt sich auch, einen Blick auf die Autos der damaligen Zeit zu werfen. Je kompakter desto besser. Während in den Jahren davor die Autos eher ausladend waren, wurde es nun wieder etwas kleiner und praktischer. Der Audi 80 war ein echter Blickfang und konnte nicht von jedem gefahren werden. Interessanterweise wurde fast zeitgleich der VW Passat auf den Markt gebracht. Dieser war komplett baugleich mit dem Audi 80.

Wenn es etwas mehr Platz brauchte, dann fiel die Wahl die Wahl auf den Barkas, der von einem Zweitakter angetrieben wurde. Der Barkas wurde auch gerne als Bauern-Bus genutzt, da er besonders viel Platz im Angebot hatte. Auch BMW hat es sich nicht nehmen lassen, zu dieser Zeit mit neuen Modellen zu punkten. Allerdings mit einem relativ schlechten Händchen für die Zeit des Releases. Der 2002 Turbo hatte ganze 170 PS zu bieten. Allerdings wurde er zu Zeiten der Ölkrise und der steigenden Benzinpreise veröffentlicht. Der Absatz war daher nicht so hoch wie erwartet. Dafür konnte BMW mit dem 3er punkten. Die Modellreihe zeichnete sich schnell als erfolgreichste Reihe des Herstellers ab. Ebenfalls ein Dauerbrenner wurde der Ford Fiesta, der auf den Markt kam. Das Auto war kompakt, hatte eine solide Leistung und viel Platz. Praktisch war auch die Rückbank, die sich mit wenigen Handgriffen umlegen ließ.

Im Jahr 1972 konnte Mercedes sich den Titel „Das beste Auto der Welt" sichern. Dafür sorgte die S-Klasse W116, die ins Angebot kam. Mit diesem Wagen hat es Mercedes geschafft, gänzlich neue Maßstäbe zu setzen. Das lag nicht nur am Design des Wagens sondern vor allem auch an den Sicherheitseinrichtungen, die hier mit verbaut wurden. Die Crashsicherheit konnte überzeugen. Ganz besonders beliebt war auch die Kurzversion des Modells, die lediglich mit zwei Türen versehen war. Das schnittige und sportliche Design sorgte dafür, dass der Mercedes elegant und stilvoll die Straßen erobern konnte. Der SL R 107 in Form eines Cabrios lief ganz besonders lange vom Band und wurde von 1971 bis 1989 hergestellt. Geradlinig und verlässlich war der SL R 107 für jeden Spaß zu haben.

Filme mit Blockbuster-Niveau

Generell gehörte es zum neuen Lebensgefühl auch dazu, sich in seiner Freizeit dem Filmgenuss hinzugeben. Autokinos schossen wie die Pilze aus dem Boden. Die Jugend traf sich hier und genoss es, zusammen Filme zu sehen, zu feiern und auch zu küssen. Einer der bekanntesten Blockbuster des Jahrzehnts ist der Spielfilm „Der weiße Hai". Niemand Geringeres als Steven Spielberg steht hinter diesem Film und konnte auf diese Weise den Grundstein für seinen Erfolg legen. Nach der Veröffentlichung des Films im Jahr 1975 zieht 1977 George Lucas nach und gibt dem Science-Fiction-Bereich einen neuen Sinn. „Krieg der Sterne" ist eine Hommage an die neue Zeit. Alles scheint möglich zu sein.

Die Kosten für die Produktion der Filme sind utopisch. Um diese wieder einspielen zu können, beginnt die Industrie gezielt damit, mehr Werbung zu machen und die Vermarktung voran zu treiben. Die Menschen werden darauf aufmerksam gemacht, wie viel Spaß ihnen der Besuch der Filme machen kann. Die Kassen füllen sich und der Gang ins Kino wird zu einem Kult. Ein Highlight jagt das nächste. Der Erfolg gibt dem Kino recht. Auch heute noch gehört es mit zu den liebsten Freizeitbeschäftigungen. Die Produktionskosten sind inzwischen noch mehr angestiegen, ebenso wie die Einnahmen, die eingefahren werden.

Selbstbewusstsein der Frauen

Interessant ist im Zusammenspiel mit dem Lebensgefühl auch ein Blick auf die Frauen der 1970er Jahre. Lange Zeit im Schatten der Männer verschwunden, treten sie nun hervor und beginnen, für ihre Rechte einzustehen. Das fängt bereits 1971 an, als ein Artikel im „Stern" für eine Debatte zum Thema Feminismus sorgt. Frauen entscheiden sich, öffentlich zu einer Abtreibung zu stehen und machen auf diese Weise deutlich, dass sie ihre Entscheidungen selbst tragen möchten. Im Rahmen eines drohenden Prozesses wird eine Unterschriftensammlung in Gang gesetzt, die als eines der wichtigsten Zeichen im Kampf des Feminismus zu sehen ist. Auch hier wird deutlich, wie stark sich das Wir-Gefühl der Bevölkerung entwickelt hat. Es geht darum, zusammen für eine Sache zu kämpfen, füreinander einzustehen und so sicherzustellen, dass die Gemeinschaft etwas bewirken kann.

Im Zusammenhang mit dem neuen Körpergefühl können auch in der Medizin deutliche Fortschritte gemacht werden. Wer bisher nicht die Chance hatte, auf natürlichem Weg ein Baby zu bekommen, der sieht neue Chancen im Bereich der Retortenmedizin. Im Jahr 1978 wird in Manchester das erste Retortenbaby geboren. Nach und nach wird die Methode weiter verfeinert und hält auch in Deutschland Einzug. Heute gehört die Fortpflanzungsmedizin zu einem sehr erfolgreichen medizinischen Bereich und ermöglicht es kinderlosen Paaren, sich ihren Traum vom Baby doch noch erfüllen zu können.

Die Bereitschaft, neue Dinge zu entdecken

Reichhaltigkeit und die Lust, immer wieder neue Dinge zu entdecken - diese zwei Punkte legten in den 1970er Jahren auch den Grundstein für eine Kulinarik der ganz besonderen Art. Das Essen wurde zu einer Leidenschaft. Die Menschen kamen zusammen und genossen gemeinsam leckere Rezepte und Klassiker der damaligen Zeit. Je einfacher desto besser, aber bitte prall gefüllt. Das Motto der 1970er Jahre spiegelt sich darin wieder, dass auf Partys, Festen und Feierlichkeiten reichhaltige Buffets angeboten wurden. Unter der Last des Essens konnte sich ein Tisch durchaus biegen und auch bei den Getränken war nicht weniger mehr, sondern mehr noch mehr. Softgetränke, die auch heute noch auf keiner Party fehlen dürfen, standen dabei im Mittelpunkt.

Die typischen Getränke der 70er Jahre

Wer heute darüber nachdenkt, eine Party im Stil der 70er Jahre zu geben, der stellt sich natürlich die Frage, was im Rahmen dessen am besten auf den Tisch kommen sollte. Getränke dürfen dabei nicht fehlen. Allerdings ist hier nicht die Rede von einem klassischen Mineralwasser. Was heute auf keiner Veranstaltung fehlen darf, wurde zur damaligen Zeit ausschließlich dann hervorgeholt, wenn ein Gast sich dies gewünscht hat. Es war also durchaus üblich, das Mineralwasser in der Hinterhand zu haben. Allerdings in nur geringen Mengen, weil meist kaum einer in den 1970er Jahren auf die Idee kam, dies zu trinken.

Stattdessen durften es gerne Getränke mit Sprudel und Geschmack sein. Schon zur damaligen Zeit war es gern gesehen, wenn Cola, Fanta und Sprite auf dem Tisch standen. Klassische Zitronen- oder Orangenlimonade war nicht nur bei Kinder beliebt sondern durchaus auch bei Erwachsenen. Wer Lust auf eine andere Geschmacksrichtung hatte, der fand auch die Himbeer- oder die Waldmeisterbrause.

Gerade in Bezug auf eine Party oder die Einladung zu einer Feierlichkeit waren auch alkoholische Getränke eine Grundausstattung. Bier, Sekt und Wein waren die Klassiker und sind es auch bis heute geblieben. Sollte es etwas Stärkeres im Angebot geben, dann waren Schnäpse gefragt. Ein Hoch hatten in den 1970er Jahren beispielsweise der Asbach Uralt, der Korn oder auch der Appelkorn.

Das sind die Klassiker, die es heute teilweise noch zu kaufen gibt und die nicht unbedingt einer besonderen Vorbereitung bedürfen. Dann gibt es aber auch noch die Bowle. Die Bowle war ein Getränk in den 1970er Jahren, das auf keinen Fall fehlen durfte. Gerade im Sommer und auf Partys gab es sie meist in vielen verschiedenen Ausführungen. Bis heute handelt es sich um einen Klassiker, der in den unterschiedlichsten Variationen angeboten wird. Interessant dabei ist, dass es sich bei der Bowle durchaus nicht um eine Erfindung der Neuzeit handelt. Tatsächlich wurden bereits im Mittelalter Getränke zusammengestellt, die aus mehreren Zutaten bestanden. Hier waren die Basis in der Regel Rosenblüten und Wein sowie Honig und Fichtennadeln. Zusammengestellt wurde die Bowle im Mittelalter von den Mönchen. Das älteste Rezept dieser Art stammt aus den Anfängen des 15. Jahrhunderts. Allerdings ist unklar, ob es sich um ein Getränk oder um eine Medizin gehandelt hat.

Es gibt kein Patentrezept für eine Bowle, denn es ist immer eine Frage des Geschmacks, was in das Getränk hineingegeben werden soll. Die Basis ist jedoch bei so gut wie jeder Version gleich. Hier kommen Sekt und Wein zusammen. Idealerweise wird Weißwein als Grundlage genommen. Je nach Geschmack kann es ein trockener oder ein halbtrockener Sekt dazu werden.

Hinweis: Wer statt Weißwein Rotwein nimmt, der mischt einen Sangria zusammen – das spanische Pendant zur klassischen Bowle. Auch das kann durchaus seinen geschmacklichen Charme haben.

Zu der Grundlage kommen dann weitere Spirituosen. Welche das sind, ist abhängig vom persönlichen Geschmack. In der Regel wird hier zu Rum und auch zu Wodka gegriffen. Empfehlenswert ist es, sich für eine der beiden Spirituosen zu entscheiden. Was auf keinen Fall fehlen darf, wenn es eine klassische 70er-Jahre-Bowle werden soll, sind die Früchte. Diese nehmen den Alkohol auf und verleihen der Bowle ihren besonders fruchtigen Geschmack. Die Auswahl hier ist ganz besonders groß. Sehr bewährt haben sich die Ananas und Erdbeeren sowie Orangen oder Pfirsiche. Ein echter Blickfang ist die Melonenbowle, wenn sie in der Hülle der Melone auch direkt serviert wird. Um die Bowle stilecht zu servieren, braucht es aber auf jeden Fall ein großes Glasgefäß.

Tipp: Zum Kühlen bietet es sich an, ein sogenanntes Bowle-Ei zu verwenden. Die Eiswürfel kommen in das Ei hinein und verwässern so die Bowle nicht. Zudem ist es wichtig, den Sekt nicht direkt in die Bowle zu geben. Dieser sollte gekühlt und kurz vor dem Servieren erst hinzugefügt werden. Das hat gleich zwei positive Effekte. Die Bowle wird gekühlt und das Prickeln des Sektes bleibt noch länger erhalten.

Natürlich bietet ein Getränk wie die Bowle jede Menge Möglichkeiten, neue Kompositionen zu probieren. Um jedoch den 70er Jahren treu zu bleiben, empfiehlt sich vor allem die Erdbeer- oder die klassische Frucht-Bowle.

Das genannte Grundrezept ist natürlich nur eine Idee für eine klassische Bowle. Wer noch tiefer in die damalige Zeit eintauchen möchte, der kann sich die Mühe machen und die Bowlen zubereiten, die ganz besonders häufig auf den Partys gereicht wurden. Dazu gehörte beispielsweise die Melonenbowle mit Bacardi. Sie war schnell zubereitet und ganz besonders lecker. Für die Melonenbowle braucht es:

2 Liter Eistee mit Geschmack Erdbeer oder auch Pfirsich
1 Wassermelone
1 Flasche Bacardi

Die Melone wird mit einem Muster eingeschnitten und der Deckel auf diese Weise abgenommen. Nun wird das Fleisch herausgeholt. Das kann mit einem spitzen Löffel durchgeführt werden. Viele nehmen auch gerne den Eiskugelheber und rollen kleine Kugeln aus dem Fruchtfleisch zusammen. Der kalte Eistee wird zusammen mit dem Rum in die ausgehöhlte Melone hineingegossen und muss dann eine Weile ziehen. Wie das Mischverhältnis sein soll, ist abhängig vom persönlichen Geschmack.

Das Fruchtfleisch der Melone wird eine halbe Stunde vor dem Servieren in die Flüssigkeit hineingegeben und kann so noch mit durchziehen. Für ein vollendetes Geschmackserlebnis wird die Bowle besonders kalt serviert oder kann auch auf Eiswürfeln gereicht werden. Mit einem Spieß oder einen Zahnstocher werden die Stücke dann gegessen und die Flüssigkeit anschließend getrunken. Die Melone nimmt den Alkohol sehr gut auf. Daher wird von den Gästen oft nicht direkt bemerkt, wie viel Rum hier tatsächlich verarbeitet ist.

Waldmeister war eine der beliebtesten Geschmacksrichtungen in den 1970er Jahren, warum also nicht auch Bowle mit Waldmeister zubereiten? Auf der Party war die Waldmeisterbowle der Renner. Damit es wirklich gut schmeckt, sollte es frischen Waldmeister für die Zubereitung geben. Dieser kann auf dem Markt gekauft werden. Für die Zubereitung der Bowle braucht es:

2 Bund Waldmeister
50 g Zucker
1 Flasche sekt
2 Flaschen Weißwein

Ebenso einfach wie die Bowle mit Melone lässt sich auch die Waldmeisterbowle zubereiten. Der Waldmeister wird erst verlesen und dann entstielt. Anschließend werden die Blätter gewaschen und müssen besonders gut abtropfen. Nun werden sie mit einer halben Flasche Wein sowie dem Zucker abgedeckt und sollten wenigstens eine halbe Stunde ziehen. Im nächsten Schritt wird alles abgeseiht. Dies kann ruhig schon in ein Bowle-Gefäß gegeben werden. Der restliche Wein wird nun darüber gegossen und alles kalt gestellt. Dazu kommt der Sekt. Die Bowle sollte unbedingt kalt gestellt und auch kalt serviert werden.

Wer den Geschmack von Waldmeister mag, der kann auch einen Waldmeisterlikör zusammenstellen. Für ein Glas braucht es:

¼ Liter Sirup mit Waldmeistergeschmack (stilecht von Tri-Top)
½ Liter Apfelsaft
½ Liter Wodka

Die Zutaten werden in einem Cocktail-Mixer zusammengetan und dort vermischt. Anschließend werden sie in ein Glas mit Eiswürfeln gegeben und zum Abschluss schließlich mit einer Zitrone oder einer Limette am Glasrand versehen.

Neben der Bowle gab es noch weitere Kompositionen, die vor allem auf Feierlichkeiten oder zu besonderen Anlässen serviert wurden. Ganz vorne mit dabei war der Schneeball. Generell gehörte Eierlikör in den 1970er Jahren mit zu den Getränken, die einfach nicht fehlen durften. Gut gekühlt und vielleicht sogar mit den obligatorischen Schoko-Bechern serviert, ging er besonders gut weg. Er war aber auch die Grundlage für den beliebten Schneeball – und ist es noch heute. Grundlage für eine Portion sind 3 cl Eierlikör und dazu 150 ml Zitronenlimonade. Wer es gerne noch ein wenig säuerlicher mag, der kann zusätzlich dazu noch etwas Limettensaft mit hinein geben. Damit der Schneeball besonders gut schmeckt, wird er auf Eiswürfeln serviert.

Das Pendant zum Schneeball ist übrigens der Sonnenschein. Hierbei wird alles genauso gemacht wie beim Schneeball. Statt Zitronenlimonade und Limettensaft werden jedoch Orangenlimonade und Orangenscheiben genommen. Abgerundet wird das Angebot an Getränken dann noch durch den „Blonden Engel". Auch hier ist wieder Eierlikör die Grundlage und wird mit Sekt und Fanta gemischt.

Noch ein Stück gehobener war der Gin Fizz. Die Grundlage für dieses Getränk ist natürlich der Gin. Hier werden für ein Glas 4 cl benötigt. Dazu kommt Sodawasser mit einer Menge von 10 cl sowie 2 cl Zitronensaft und 1 cl Zuckersirup. Die Mischung wird in einem klassischen Shaker vermischt und dann auf Eiswürfeln und mit einer Scheibe Zitrone serviert. Idealerweise wird der Gin Fizz mit einem Strohhalm getrunken.

Toll für alle alkoholischen und nicht-alkoholischen Getränke war der beliebte Tri-top-Sirup, den es auch heute wieder gibt. Der Sirup steht in vielen verschiedenen Geschmacksrichtungen zur Verfügung und kann mit Wasser gemischt werden aber auch für einen besonderen Geschmack in einem Cocktail sorgen.

Darf es bunt auf dem Tisch werden? Dann bietet sich der Laubfrosch an. Wer Orangensaft mit Blue Curacao vermischt hat, der hat eine grüne Mischung mit einem sehr angenehmen Geschmack erhalten. Der Laubfrosch war sogar fast noch beliebter als Cola mit Rum – auch heute übrigens noch ein echter Klassiker.

Hinweis: Es gab einige Getränke bekannter Marken, die fast schon Kult waren und auch heute wieder Kult sind. Dazu gehören Bluna und Afri-Cola sowie Libella.

Rübergeschwappt aus den 50er und 60er Jahren ist auch der Lufthansa Cocktail. Das kultige Getränk hat einen Alkoholgehalt von 30% und wurde nur innerhalb der ersten Klasse auf den Flügen ausgegeben. Vor allem in den 1950er Jahren war er fast so etwas wie ein Geheimnis. Wer gerne wissen wollte, wie der Cocktail schmeckt, der musste mit der Lufthansa fliegen. Aber schon bald sollte sich das ändern. Denn das Unternehmen Mampe hat begonnen, in den 1960er Jahren den Cocktail auch so im Handel anzubieten. Es dauerte nicht lange, bis der Cocktail vor allem auf Partys mit zu den beliebtesten Getränken gehörte. Wer ihn stilecht servieren wollte, der hat das Glas mit einem Zuckerrand versehen und eine Zitrone drauf gesteckt. Der Cocktail hat einen angenehm frischen und säuerlichen Geschmack und sollte am besten kalt serviert werden.

Tipp: Eine kultige Mischung ist die Kombination aus einem Teil Lufthansa-Cocktail zusammen mit zwei Teilen Sekt. Wer ganz besonders stilecht servieren möchte, der nimmt statt Sekt sogar Champagner.

Es ist zwar kein Getränk, das erst in den 1970er Jahren auf den Markt kam. Dennoch hat die Fassbrause zur damaligen Zeit die Herzen der Kinder im Sturm erobert. Manch ein Kind hat so getan, als würde es sich hier um ein Bier handeln. Während die Erwachsenen das eine oder andere Bier gezischt haben, ging die Fassbrause bei den Kindern weg wie warme Brötchen.

Das Getränk wird aus Frucht- und Kräuterzusätzen hergestellt und mit viel Sprudel versehen. Ganz ursprünglich hat es eigentlich sogar Alkohol enthalten. Daher ist die Verbindung zum Bier gar nicht so weit hergeholt.

Doch natürlich war die Fassbrause nicht das einzige Getränk, das bei Kindern sehr beliebt war. Viele Kinder dieser Zeit erinnern sich heute noch an die Sunkist. Der Orangensaft in der dreieckigen Verpackung hat jede Menge Spaß bereitet und das nicht unbedingt, weil das Getränk darin so besonders lecker war. Es war eher der Karton selbst, der für Freude gesorgt hat. Wer sein Sunkist nämlich ausgetrunken hatte, der hat den Karton zerplatzen lassen und das gab einen lauten Knall. Heute gibt es das Sunkist nicht mehr, dennoch ist es vielen Menschen in Erinnerung geblieben.

Ein ähnliches Getränk hat es geschafft, bis in die heutige Zeit zu überdauern. Die Capri-Sonne war auch damals schon in den Regalen zu finden. Das Getränk in der Tüte gab es in verschiedenen Geschmacksrichtungen. Vor allem als Begleiter in die Schule und auf Ausflügen durfte die Capri-Sonne auf keinen Fall fehlen.

Einen guten Kakao haben auch die Kinder von damals ganz sicher nicht verschmäht. Wie gut, dass es Kaba gab. Das Kakaogetränk stammt aus dem Jahr 1929 und verschwand während des Krieges von der Bildfläche. Das hat der Bekanntheit aber keinen Abbruch getan. Schon in den 1950er Jahren trat Kaba einen Siegeszug durch Deutschland an. Ende der 1960er Jahre und Anfang der 1970er Jahre gab es dann tolle Sammelpunkte auf den Verpackungen, die bei den Kindern ganz besonders beliebt waren. Obwohl Kaba auch heute noch ein Synonym für Kakao ist, gab es das Getränk schon immer auch in vielen anderen Sorten. Besonders beliebt sind nach wie vor Erdbeer und Vanille sowie Banane. Ebenfalls im Sortiment ist Himbeere. Zudem bietet das Sortiment immer wieder Sondereditionen an. Im Jahr 2005 beispielsweise gab es Pfirsich, allerdings nur für eine begrenzte Zeit.

Genuss war ein großes Wort, wenn es um das Essen in den 1970er Jahren ging. Aber auch die Leichtigkeit spielte eine große Rolle. Dies bezieht sich nicht unbedingt auf die Leichtigkeit des Essens sondern viel mehr auf die Zubereitung. Bei der Zubereitung durfte es gerne schnell gehen. Egal, ob für die Party oder am Abend für das Essen mit der Familie – das kalte Buffet oder der gut gefüllte Tisch für die Familie waren besonders beliebt.

Viele Menschen haben die Freizeit genutzt und sich einen Schrebergarten angeschafft. Daher war es kaum verwunderlich, dass viele Gerichte auf Basis von Obst und Gemüse hergestellt wurden, das aus dem eigenen Garten stammt. Die Kultur rund um die Kleingärten hat sich bis heute gehalten und erlebt gerade wieder ein neues Comeback. Dabei ging es hier nicht nur darum, Gemüse und Obst anzubauen, das gerade im Obstbereich manchmal schwer zu erhalten war. Es war das gemeinsame Beisammensein, das bei den Inhabern und Pächtern von Schrebergärten besonders beliebt war. Gemeinsame Grillpartys waren keine Seltenheit. Da durfte natürlich das richtige Essen nicht fehlen.

Ein ganz besonderer Renner: Füllungen. Gefüllt wurde alles, was sich irgendwie füllen ließ. Windbeutel beispielsweise durften sehr gerne auf dem Tisch stehen und das nicht nur als süße sondern auch als herzhafte Snacks. Gefüllte Eier gehörten ebenfalls zu den Nahrungsmitteln, die nicht fehlen durften. Mit Mayonnaise oder Kaviar gefüllt verschwanden sie schnell im Mund und hinterließen keine Spuren an den Fingern.

Der Renner auf jeder größeren Feier waren das Raclette und das Fondue. Gemeinsam zusammen sitzen und sich selbst das Essen zusammenstellen – Geselligkeit war beim Essen gern gesehen. Bis heute sind Raclette und Fondue beliebte Varianten auf der Party.

Auch die Exotik war ein Highlight. Exotische Gewürze und Zutaten sorgten dafür, dass das Essen eine ganz andere Richtung nahm. Sardellen durften auf dem Tisch ebenso wenig fehlen wie Oliven oder ein Cocktail aus leckeren Krabben.

Ein Schnitzel, bitte! Das flach geklopfte Stück Fleisch war in den verschiedensten Variationen zu finden. Ein Stück Ananas auf das Schnitzel gelegt, Käse drüber und ab in den Ofen. Schnitzel Hawaii kombinierte die Sehnsucht nach der Ferne mit der wohligen Wärme eines bekannten Gerichts. Besonders beliebt bei Kindern war dagegen das Jägerschnitzel. Jagdwurst paniert und angebraten – dazu eine Tomatensoße und Nudeln. Dieses Gericht war nicht nur in der Schulküche ein echter Dauerbrenner.

Nicht unbedingt ein richtiges Gericht aber dennoch sehr schmackhaft und ein Muss als Angebot auf einer Feier, waren die Cognacpflaumen. Das Rezept war so simpel wie schnell durchgeführt. Mit einem Zahnstocher werden die Pflaumen an allen Seiten leicht eingestochen. Sie kommen dann in ein Gemisch aus Nelken und Zucker sowie Cognac. Je nach Mischung konnte die Stärke variiert werden. Nun ab in ein Einmachglas, das verschlossen werden kann, alles eine Woche lang stehen lassen und dann servieren. Die Wartezeit von einer Woche hat dazu geführt, dass die Pflaumen natürlich schon etwas vorbereitet werden mussten. Doch das war schnell gemacht.

Noch heute kommt er manchmal auf den Tisch, doch seine Hochzeiten hatte er in den 1970er Jahren. Der Geflügelsalat durfte auf keinen Fall fehlen. Neben Geflügel und Mais waren auch Mayonnaise und natürlich die obligatorischen, eingelegten Mandarinen mit dabei. Für einen Salat wird benötigt:

1 Hähnchen
1 Dose Mandarinen
1 Dose Champignons
Saft der Mandarinen
150g Joghurt
30g Mayonnaise

Pfeffer, Salz und Zitronensaft.

Das Hähnchen wird in einer Brühe gekocht, damit es einen kräftigen Geschmack bekommt. Nach dem Kochen wird das Fleisch abgelöst und in kleine Stücke gerupft. Die Pilze werden halbiert und die Mandarinen kommen mit zu dem Fleisch. Nun wird eine Soße gemischt und abgeschmeckt. Ist die Soße fertig, wird alles miteinander gemischt. Der Salat sollte wenigstens eine Stunde ziehen, um schließlich serviert zu werden.

Keine Idee, was den Gästen oder der Familie am Abend zum Essen gereicht werden kann? In den 1970er Jahren gab es diese Frage nicht, denn wenn man nicht wusste, was man kochen sollte, dann gab es einfach Soljanka. Generell war die Soljanka ein Gericht, das eigentlich immer zu jedem Anlass und zu jeder Zeit gepasst hat. Im Sommer wie im Winter gleichermaßen tauchte sie auf den Tischen auf und füllte die Bäuche aller Anwesenden. Ursprünglich handelt es sich hierbei um ein Gericht aus der osteuropäischen Küche. Die Suppe ist säuerlich und leicht scharf. Zusammengeführt werden Schtschi und Rassolnik. Hierbei handelt es sich um Kraut, saure Sahne sowie Salzgurken. Wichtig: Essiggurken in der Soljanka waren eine Schande und haben gezeigt, dass der Koch keine Ahnung von seiner Arbeit hatte.

Da es bei der Soljanka ruhig einmal etwas mehr sein durfte, gibt es hier ein Rezept für die Suppe mit einer Menge für 6 Personen.

Benötigt werden die Zutaten:

1 kg Kasseler (idealerweise Kamm)
1 Glas sauer eingelegte Paprika
2 Gläser Letscho
4 Salzgurken
Tomatenmark
3 Zwiebeln
1 Zitrone
2 Chilischoten
Salz und Pfeffer, Paprikapulver und Lorbeerblätter

Der Kasseler wird mit den Gewürzen zusammen gekocht, so dass hier eine kräftige Brühe entsteht. Nach dem Abkochen werden aus den Kasseler kleine Quadrate geschnitten. Die Brüte wird in einem speziellen Gefäß aufgehoben. Im nächsten Schritt kommen das Fleisch, die Gurken und Paprika sowie Letscho und Zwiebeln in einen Topf. Nun kommt die Brühe darüber. Eine Tube Tomatenmark sowie die klein geschnittenen Chilischoten und die Zitrone werden dazugegeben. Die Mischung muss nun einmal kräftig aufkochen und wird dann mit Salz und Pfeffer abgeschmeckt.

Tipp: Wer eine kräftige und schmackhafte Soljanka haben möchte, der lässt diese ordentlich ziehen. Am besten wird sie bereits einen Tag vorher zubereitet. Wird die Suppe dann serviert, darf die saure Sahne dazu nicht fehlen. Diese wird auf die Suppe gegeben. Auch Petersilie drüber gestreut ist gern gesehen.

Etwas, das in den 1970er Jahren ebenfalls nicht auf dem Tisch fehlen durfte, war das Hackfleisch und das in den unterschiedlichsten Formen. Neben dem beliebten Hackigel, der mit Zwiebeln und Hack zubereitet wurde, war auch der Falsche Hase. Was viele Menschen heute nicht mehr wissen – der Falsche Hase war eigentlich gefüllt und zwar mit Eiern. Die Eier waren eine wichtige Grundlage für die Füllung von Lebensmitteln. Wer Lust hat, das Rezept für vier Personen zu kochen, der benötigt folgende Zutaten:

500g Hackfleisch gemischt
Semmelbrösel
4 Eier
2 Zwiebeln
1 Knoblauchzehe
3 TL gewürfelten Speck
2 TL scharfen Senf
Petersilie
4 gekochte und gepellte Eier
200 ml Gemüsebrühe
500 g Karotten
100 ml Sahne
1 ganze Zwiebel
Zucker
1 EL Butter
300 g Mehl
Salz
Pfeffer
Muskat

Das Hackfleisch wird mit den Semmelbröseln und einem Ei sowie Zwiebeln, Speck, Petersilie und Senf vermischt. Alles mit Salz und Pfeffer abschmecken. Die Masse wird einmal geteilt und auf die eine Hälfte werden die gekochten Eier gelegt. Nun wird der Rest der Masse darauf ausgebreitet. Nun wird alles zusammen glatt gestrichen und an den Seiten gut verschlossen.

Im nächsten Schritt wird in der Pfanne Öl erhitzt. Der Hase kommt nun in die Pfanne und wird angebraten. Zusätzlich wird der Ofen auf 180 Grad aufgeheizt. Nun kommt alles in den Ofen und gart dort etwa 30 Minuten.

Die Bratpfanne, in der das Fleisch angebraten wurde, wird mit der Brühe abgelöscht. Die Brühe wird eingekocht und mit der Sahne dann weiter verfeinert.

Nachdem das Fleisch fertig vorbereitet ist, geht es an die Masse für die Nudeln. Am besten schmecken die Nudeln, wenn sie selbst gemacht sind. Daher werden Eier mit dem Mehl und einer Prise Zucker zusammen zu einer Masse geknetet. Dazu kommt etwas Wasser und ein Hauch Salz. Die Masse sollte dann eine Weile ruhen. In der Zeit wird Wasser zum Kochen gebracht. Die Masse wird ausgerollt und dann nach und nach in das kochende Wasser hinein geschabt. Wenn die Spätzle sich dann verbunden haben und an der Oberfläche schwimmen, können sie abgeschöpft werden. Damit sie etwas Farbe bekommen, werden die Spätzle dann noch in Butter geschwenkt.

Nun geht es ans Gemüse. Die Karotten werden geschält und klein geschnitten. Dazu kommen die Zwiebeln, die in Würfel geschnitten werden. Alles zusammen wird in einem Topf mit Butter leicht angegangen. Anschließend werden die Möhren und Zwiebeln mit Wasser bedeckt und leicht gegart. Das Gemüse wird dann noch mit Salz abgeschmeckt.

Nun wird alles zusammen serviert. Wenn der Falsche Hase angeschnitten wird, dann werden die Eier automatisch auch geteilt. Das ergibt ein ansprechendes Bild. Der Falsche Hase macht sich übrigens auch gut auf einer kalten Platte, wenn man auf Gemüse und auf Spätzle verzichten möchte.

Er kann beispielsweise auf frischem Brot als Belag gegessen werden. Dafür müssen die Scheiben allerdings besonders dünn sein.

Auch wenn die 1970er Jahre als eine Zeit galten, in der es durchaus gutes und vielseitiges Essen gab, so waren die Geldbörsen dennoch nicht bis oben hin gefüllt. Die Menschen wussten Menüs zu schätzen, die nicht teuer waren aber dennoch gut sättigten. Dazu gehörte auch das Hühner-Frikassee. Auch wenn die Zubereitung des Frikassees einige Zeit in Anspruch nahm, so konnte man anschließend davon dennoch gut essen. Für die Zubereitung von vier Portionen braucht es folgende Zutaten:

1 Huhn
1 Bund Suppengrün
1 große Zwiebel
Gewürznelken
Lorbeerblätter
Pfefferkörner
60 g Butter
1 Liter Hühnerbrühe
60 g Mehl
1 Dose Champignons
1 Dose Spargel
Muskat
Weißwein
Salz und Pfeffer
Zitronensaft

Zuerst wird das Suppenhuhn gewaschen und in zwei Liter kochendes Salzwasser gegeben. Das Suppengrün muss geputzt und in Stücke geschnitten werden. Die Zwiebel wird halbiert. Nun kommen das Suppengrün, die Zwiebel, Nelken und Pfeffer sowie Lorbeerblätter mit zum Huhn hinein. Alles zusammen wird um die zwei Stunden gekocht. Das Huhn wird aus der Brühe genommen und die Brühe durch ein Sieb herausgegossen. Von der Brühe ist ein Liter abzunehmen. Der Rest wird anderweitig verwendet oder eingefroren.

Als nächstes wird das Fleisch von den Knochen gelöst und in kleine Stücke gerupft. Nun geht es an die Soße. Für die Soße wird die Butter zerlassen und zusammen mit dem Mehl angedünstet, so dass eine Mehlschwitze entsteht. Die Hühnerbrühe wird nun zur Soße dazu gegeben und alles wird rund 10 Minuten lang gekocht. Spargel und Champignons tropfen ab und werden zur Soße dazu gegeben. Nun wird die Soße mit den Gewürzen abgeschmeckt und mit einem Schuss Wein gestreckt. Wenn die Soße fertig ist, kann das Fleisch hineingegeben werden.

Frikassee wird am besten mit frischem Reis serviert.

Er geht schnell, ist lecker und macht satt. Wenn eine Party anstand, dann durfte der Schichtsalat auf gar keinen Fall fehlen. Heute gehört er eher zu den Exoten unter den Salaten, was tatsächlich ziemlich schade ist, denn der Schichtsalat ist wirklich schmackhaft, wenn er richtig zubereitet wird. Mit dem folgenden Rezept erfolgt die Zubereitung schnell und einfach und gelingt immer. Mit den Zutaten werden in etwa 12 Portionen zusammenkommen. Benötigt werden:

1 geschnittener Eisbergsalat
2 rote Paprikaschoten, die in Streifen geschnitten werden
5 Champignons, die in Scheiben geschnitten werden
1 kg geriebenen Käse
3 Lauchstangen
2 Maisdosen
200 g gekochter Putenschinken
1 Glas Sauerkirschen
1 Glas Spargel
2 Mandarinendosen
10 hart gekochte Eier, die in Scheiben geschnitten werden

Dressing:

250g Creme Fraiche
300g Naturjoghurt
Pfeffer und Salz
Zitronensaft

Die Zutaten werden nach und nach vorbereitet. Eine große Schüssel wird benötigt, um den Schichtsalat zusammenstellen zu können. Die Zutaten werden nun, nach den eigenen Wünschen, aufeinander geschichtet. Wichtig ist es, sie nicht zu vermischen. Wer die Kombination von Obst und Gemüse nicht mag, der kann statt Mandarinen und Kirschen auch Tomaten nehmen.

Für das Dressing werden die genannten Zutaten vermischt und abgeschmeckt. Der Kirschsaft sorgt für eine angenehme Süße, kann aber auch weggelassen werden.

Der Schichtsalat sollte mehrere Stunden ziehen und beim Servieren nicht zu kalt sein. Mit einem großen Löffel wird der Salat dann herausgenommen, so dass alle Zutaten auf den Teller kommen.

Nicht nur bei Erwachsenen, auch bei Kindern sind gefüllte Paprika ganz besonders beliebt. Auch dieses Rezept durfte in der Kulinarik der 1970er Jahre nicht fehlen. Für das Kochen von vier Portionen werden folgende Zutaten benötigt:

4 große Paprikaschoten
600g Hackfleisch gemischt
2 Knoblauchzehen
Paniermehl
Gewürfelter Speck
Salz und Pfeffer
Majoran
1 L Brühe
Sahne
Saucenbinder

Das Hackfleisch wird mit Zwiebeln und Paniermehl gemischt und dann nach persönlichem Geschmack gewürzt. Bei den Paprika werden die Deckel abgeschnitten und die Paprika ausgehöhlt. Die Hackfleischmasse kommt nun in die Paprika und zwar bis die Paprika oben durch das Hackfleisch geschlossen wird.

Speck, Zwiebeln und die Hackfleischreste werden in einem Topf angebraten. Dazu kommt die Paprika mit der offenen Seite nach unten. Dort wird sie angebraten und anschließend auf alle Seiten gedreht. Anschließend wird der Topf mit Brühe aufgefüllt, alles zusammen schmort nun 60 Minuten. Die Paprika wird in dieser Zeit mehrmals gewendet. Anschließend wird die Soße angedickt und durch die Sahne dann nach dem persönlichen Geschmack verfeinert.

Dazu passen frische Kartoffeln.

Wie schon erwähnt waren die 1970er Jahre eine Zeit, in der es ruhig gut gefüllt zugehen durfte und das bezog sich natürlich vor allem auf das Essen. Heute ist es fast schon eine Selbstverständlichkeit, aus der Tiefkühltruhe ein Cordon Bleu zu holen und dieses schnell in der Pfanne warm zu machen. Zur damaligen Zeit jedoch wurde das Cordon Bleu zu besonderen Anlässen noch komplett selbst zubereitet. So schwer wie es aussieht ist es tatsächlich gar nicht. Wer ein wenig Zeit investiert, der kann das gefüllte Fleisch komplett selbst machen und wird damit ganz sicher das eine oder andere Lob erhalten. Um ein Cordon Bleu für bis zu vier Personen zubereiten zu können, braucht es folgende Zutaten:

4 Steaks – die Steaks sollten etwas dicker sein, damit sie gefüllt werden können
4 Scheiben Rohschinken
4 Scheiben Gouda – dieser schmilzt ganz besonders gut
Pfeffer und Salz
Paniermehl
2 mittelgroße Eier
Mehl
Brat-Öl (für einen leicht exotischen Geschmack darf es Kokosöl sein)
Butter

Den größten Aufwand macht die Vorbereitung der Steaks. Diese werden nicht geklopft sondern vorsichtig in der Mitte aufgeschnitten. Es bietet sich an, das Fleisch nicht komplett aufzuschneiden sondern nur eine Tasche zu bilden, so dass eine Seite geschlossen bleibt. Nun wird das Fleisch mit Salz und Pfeffer von allen Seiten gut gewürzt und für jedes Steak werden eine Scheibe Schinken und eine Scheibe Käse bereit gelegt. Käse und Schinken kommen in die geöffnete Tasche und diese wird dann geschlossen. Wer möchte, der kann Zahnstocher verwenden.

Das Mehl wird mit Ei und Paniermehl gemischt, so dass eine Paste für die Hülle entsteht. Die Steaks werden in dieser Paste von allen Seiten gewendet. Die Panade muss noch einmal zusätzlich mit den Fingern fest gedrückt werden. Im nächsten Schritt wird das Öl in der Pfanne erhitzt und es kommt ein wenig Butter dazu. So wird das Fleisch schön kross. Wenn die Steaks von allen Seiten einmal scharf angebraten sind, wird die Hitze etwas minimiert und die Cordon Bleus schön braun gebraten.

Am besten schmeckt das Fleisch, wenn es mit Kartoffeln und einem frischen Gemüse serviert wird.

Tipp: Cordon Bleus schmecken nicht nur warm. Wer möchte, der kann sie auch ein wenig abkühlen lassen und dann in Scheiben auf das Brot legen oder als kleine Snacks anbieten. Dafür das Cordon Bleu einfach in Stücke schneiden, auf einen Zahnstocher spießen und auf einer Platte möglichst schön drappieren. Idealer Snack für die Party, wenn die Gäste ein klein wenig Appetit bekommen.

Die Ananas war in den 1970er Jahren das Obst schlechthin – vor allem dann, wenn sie aus der Dose kam und mit Fleisch kombiniert wurde. Wie auch beim Geflügelsalat wird deutlich, dass die Kombination von Herzhaftem sowie ein paar süßen Kleinigkeiten besonders gern gesehen war. Ein Klassiker, der sich bis heute gehalten hat, ist das Schnitzel Hawaii. Schnell zubereitet hatte es den gewissen Hauch von Exotik, machte satt und war auch auf dem Tisch ein echter Blickfang. Es kann sich also durchaus lohnen, das alte Rezept mal wieder hervorzuholen und zu probieren, ob es heute eigentlich immer noch genauso lecker schmeckt wie damals. Für vier Portionen braucht es:

4 Schnitzel von Huhn oder Schwein
Salz und Pfeffer
400 ml Schlagsahne
250 g Creme fraiche
hellen Soßenbinder
200 g Schinkenwürfel
4 große Scheiben Ananas
8 Scheiben Gouda
8 Kirschen

Die Schnitzel werden erst einmal unter kaltem Wasser sauber gemacht und anschließend halbiert. Nun erfolgt das Würzen mit Salz und Pfeffer. Eine Auflaufform wird innen mit Butter gefettet, die Schnitzel kommen mit hinein. Die Sahne wird mit Creme Fraiche, einem Löffel hellem Soßenbinder sowie Pfeffer und Salz vermischt und über die Schnitzel gegossen. Dazu kommen die Schinkenwürfel mit in die Form. Alles zusammen wird nun im vorgeheizten Backofen bei 180 Grad rund 60 Minuten gebacken. Etwa 5 – 10 Minuten vor Ende der Backzeit werden die Ananas und der Käse auf die Schnitzel gelegt. Die Kirschen kommen in die Mitte der Ananas. Wenn der Käse leicht zerlaufen und leicht braun ist, dann sind die Schnitzel fertig.

Dank der Soße, die bei diesem Rezept entsteht, machen sich die Schnitzel Hawaii ganz besonders gut zu Reis oder auch zu Spätzle. Wichtig ist es, dass die Schnitzel kein Fett haben sondern komplett mager sind.

Hinweis: Wer einen Toast Hawaii machen möchte, der belegt eine Scheibe Toast mit etwas Butter, Schinken, Ananas und Käse und gibt dies dann in die Mikrowelle oder auch in den Backofen. Eine vegetarische Variante ist es, den Schinken durch Tomate zu ersetzen. Aber Vorsicht: Heiße Tomate hat schon die eine oder andere Zunge verbrüht.

Bis heute fangen in ganz Deutschland Diskussionen an, wenn es um die Frage geht, was genau eigentlich ein Jägerschnitzel ist. Die wohl bekannteste Variante ist das Schweineschnitzel mit Champignons und genau diese Version war auch schon vor einigen Jahrzehnten der Hit. Natürlich bitte mit knusprigen Kroketten serviert. Wer Lust hat, es selbst einmal zu probieren, der kann mit den folgenden Zutaten ein klassisches Jägerschnitzel für 4 Personen zubereiten:

4 Schweineschnitzel
500 g frische Champignons
30 g magerer Speck
125 ml Gemüsebrühe
125 ml Sahne oder Schmand
Milch
Salz und Pfeffer
Thymian
1 Eigelb
Mehl
Semmelbrösel
Öl oder Butter
Zwiebel

Die Schnitzel werden erst einmal gewaschen und anschließend mit einem Küchentuch trocken getupft. Nun müssen sie etwas dünner geklopft werden. Anschließend werden Salz und Pfeffer genutzt, um dem Fleisch die richtige Würze zu verleihen. Das Mehl wird mit dem Eigelb und dem Paniermehl zu einer Panade vermischt, die Schnitzel darin von allen Seiten gewendet. Das Fleisch wird in dem Öl oder dem Schmalz nun in der Pfanne von allen Seiten gut angebraten, bis die Panade knusprig ist. Nun wird das Fleisch aus der Pfanne genommen und idealerweise im warmen Ofen leicht warm gehalten.

Im nächsten Schritt werden die Champignons in Scheiben geschnitten und in derselben Pfanne kurz angebraten und aus der Pfanne heraus genommen. Die Zwiebeln werden klein geschnitten und mit dem Speck in der Pfanne angebraten. Anschließend kommen die Pilze wieder mit dazu und alles wird mit Sahne und Brühe aufgefüllt. So entsteht eine schmackhafte Soße. Nun noch etwas Salz und Pfeffer sowie einen Hauch an Thymian mit dazugeben. Die Soße muss nun 15 Minuten köcheln. Ziel ist es, dass sie sämig wird und an Flüssigkeit verliert. Nach und nach kommt nun – je nach gewünschter Sämigkeit – noch etwas Milch mit hinzu. Wenn die Soße fertig ist, wird sie noch einmal nachgewürzt und mit Petersilie versehen.

Die Schnitzel werden nun aus dem Ofen genommen, auf jeweils einen Teller gelegt und mit der Soße versehen. Die Pilze sollen dabei auf dem Fleisch liegen. Dazu Kroketten oder auch Pommes geben, ein paar Scheiben Zitrone für das Fleisch als Deko hinlegen und schon kann das Essen serviert werden.

Wer seine Kroketten gerne selbst machen und nicht auf die Tiefkühlkost zurückgreifen möchte, der braucht folgende Zutaten:

500 Gramm Kartoffeln – idealerweise mehligkochend

Salz
2 Eigelb
Mehl
1 Ei
Semmelbrösel
Muskatnuss
Frittierfett etwa 1 kg

Die Kartoffeln werden geschält und in Salzwasser 10 Minuten gekocht. Anschließend werden sie abgegossen und müssen ein wenig abkühlen. Nun werden alle Kartoffeln durch die Kartoffelpresse gedrückt. Das vorher abgenommene Eigelb wird mit den Kartoffeln vermischt. Für den richtigen Geschmack muss nun alles mit Muskat und Salz abgeschmeckt werden.

Das Püree sollte sämig sein. Daraus werden nun rund 24 Rollen mit einer Länge von etwa 3 cm geformt. Die Rollen werden in Mehl und anschlie0nd in einem verquirlten Ei gewendet. Nun müssen sie noch in Semmelmehl gedreht werden.

Das Fett wird in einem Topf erhitzt. Die Kroketten sollten nach und nach, nicht alle auf einmal, in das Fett gegeben werden und dort rund 4 Minuten backen. Sie sind fertig, wenn sie außen goldbraun sind und in der Mitte noch etwas weich bleiben.

Auch wenn es natürlich ein klein wenig Aufwand bedeutet, die Kroketten zum Jägerschnitzel selbst zu machen, so ist es doch eine stilechte Sache, die bei den Gästen ganz sicher sehr gut ankommen wird und deutlich gesünder ist als die gekauften Kroketten aus der Kühlung.

Ebenfalls auf dem Plan der 1970er Jahre nicht fehlen, darf das Zigeunerschnitzel. Für 4 Portionen braucht es:

4 Schweineschnitzel
Salz und Peffer
Paprika gemahlen
30 g Mehl
4 EL Öl
200 g frische Champignons
1 kleine Zwiebeln
3 kleine Paprikaschoten
200 ml Rotwein
200 ml Brühe
3 kleine Dosen Tomatenmark
Zwiebel

Die Schnitzel werden geklopft und mit Paprikapulver und Pfeffer von beiden Seiten gut gewürzt. Anschließend sind sie im Mehl zu wenden. 2 El Öl werden in der Pfanne leicht erhitzt und die Schnitzel werden von beiden Seiten gut angebraten. Anschließend werden sie aus der Pfanne genommen und erst einmal zur Seite gestellt.

In dieselbe Pfanne kommt ein weiterer Esslöffel Öl und wird noch einmal erhitzt. Die Champignons werden in Würfel geschnitten und in die Pfanne gegeben. Dazu kommt die klein geschnittene Zwiebel.

Die Paprika werden gewaschen und halbiert und dann in schmale Streifen geschnitten. Sie kommen zu den Champignons mit in die Pfanne und alles zusammen darf nun 10 Minuten schmoren. Nun wird die Pfanne mit dem Rowein abgelöscht und mit Brühe aufgefüllt. Die Brühe wird mit Tomatenmark vermischt und mit Pfeffer und Salz gewürzt.

Dazu können wieder die selbst gemachten Kroketten oder auch Pommes Frites gereicht werden.

Der Nachtisch – die reichhaltigen Rezepte des Jahrzehnts

Beim Nachtisch durfte es gerne so richtig reichhaltig werden. Hier waren Sahne und Sahnecreme an der Tagesordnung. Je süßer desto besser schien das Motto zu sein. Aber auch Früchte wurden gerne im Nachtisch verarbeitet. Eines der Highlights war die Kuppeltorte mit Erdbeeren.

Für den Biskuitboden werden folgende Zutaten benötigt:

4 Eier
150 g Zucker
5 EL heißes Wasser
1 Paket Vanillezucker
100 g Mehl
1 TL Backpulver
3 EL Kakaopulver
50 g Speisestärke

Zutaten für den Aufstrich auf dem Boden:

300 g süße Erdbeermarmelade

Für den Knetteig:

Backpulver eine Messerspitze
40 g Zucker
100 g weiche Butter
1 Paket Vanillezucker
125 g Mehl

Zutaten für die Creme sind:

8 Blatt weiße Gelatine
300 g frische Erdbeeren
200 g Zucker
250 g Magerquark
1 Paket Vanillezucker
1 Paket geriebene Orangenschale
600 g Schlagsahne
2 EL frischen Orangensaft
weiche Butter
2 cl Weinbrand

Bevor mit dem Backen begonnen wird, wird erst einmal der Backofen auf 200 Grad vorgeheizt. Mit der weichen Butter wird das Backblech gut eingefettet und mit einem dünnen Backpapier belegt. Nun wird der Teig vorbereitet. Dafür werden die Eier mit dem heißen Wasser in eine Schüssel gegeben und gut schaumig geschlagen. Zucker und Vanillezucker werden mit dazu gegeben. Wichtig ist, dass sich der Zucker richtig auflöst unter dem Rühren. In einer separaten Schüssel werden Backpulver, Mehl, Speisestärke und Kakao miteinander vermischt. Diese Mischung wird nun mit zu dem Ei und dem Zucker gegeben. Nun ist ein Teig entstanden, der auf das Blech gegeben, verteilt und dann in den Ofen gegeben wird. Der Teig bleibt acht Minuten im Ofen und muss hell bleiben. Da es sich um einen Biskuit-Boden handelt, darf der Ofen erst nach den acht Minuten das erste Mal geöffnet werden.

Nun wird ein frisches Geschirrtuch bereit gelegt und mit etwas Zucker bestreut. Der Boden wird darauf gestürzt. Nun wird das Backpapier abgezogen und der Boden mit Marmelade bestrichen. Nun schnell rollen und darauf achten, dass der Boden nicht reißt.

Jetzt wird die Springform eingefettet und der Boden mit Backpapier ausgelegt. Im nächsten Schritt wird der Knetteig zubereitet. Mehl und Backpulver werden vermischt und die restlichen Zutaten untergehoben. Der Teig wird dann gleichmäßig auf dem Boden der Springform verteilt und mit einer Gabel eingestochen. Für 15 Minuten kommt er jetzt in den Ofen. Nach dem Backen wird der Rand der Form entfernt und der Boden kühlt aus.

Für den nächsten Schritt wird eine Glasschüssel benötigt, die mit Folie ausgelegt wird. Die Biskuitrolle wird jetzt in Scheiben geschnitten, die eine Dicke von einem Zentimeter haben. Die Scheiben werden in der Schüssel ausgelegt, um so die Kuppel zu schaffen.

Jetzt wird die Creme zubereitet. Hier die Erdbeeren waschen und in Viertel schneiden und die Gelatine im Topf einweichen. Die Sahne wird steif geschlagen. In eine Schüssel kommen der Quark und Zucker, Vanillezucker, der Orangensaft und die Orangenschalen und werden miteinander vermischt. Zwei Löffel der Masse werden mit der Gelatine verrührt, bis diese geliert. Dann wird sie mit der Sahne verrührt und am Abschluss mit den Erdbeeren vermischt. Die Creme kommt jetzt in die mit den Scheiben ausgelegte Schüssel und alles wird 4 – 5 Stunden in den Kühlschrank gestellt.

Nach Ablauf der Zeit wird die Schüssel aus dem Kühlschrank genommen. Die Creme ist nun etwas fester und wird mit der restlichen Marmelade bestrichen und mit dem Boden abgedeckt. Zum Abschluss wird der Kuchen gestürzt und von der Folie befreit. Wer möchte, kann nun noch Zucker verziert werden.

Jeden Sonntag bei Oma – die Buttercremetorte gehört ebenso mit auf den Tisch wie die Kekse, die alle ein wenig zu hart sind und sich ideal zum Stippen in den Kaffee eignen. Jeder am Tisch weiß, dass er höchstens ein Stück der Torte schaffen wird, denn dann hat sie sich auch schon im Magen ausgebreitet und sorgt noch einige Tage lang für ein Grummeln im Bauch. Dennoch darf sie auf der Kaffeetafel auf keinen Fall fehlen. Das war schon früher so und daran hat sich auch heute nichts geändert. Die meisten Rezepte werden immer weitergegeben von Mutter zur Tochter. Wer gerade keines zur Hand hat, der kann es aber auch mit dem folgenden Rezept versuchen:

4 EL Wasser
8 mittelgroße Eier
400 g Zucker
300 g Mehl
1 Paket Vanillezucker
½ Paket Backpulver
2 Pakete Vanillepudding
1 Liter Milch
500 g Butter
10 EL Zucker
Kirschen und Schokostreusel für die Dekoration

Begonnen wird mit dem Biskuit, der als Basis für die Torte gilt. Hier werden das Eigelb der 8 Eier mit Zucker und Vanillezucker vermischt. Der Zucker muss sich komplett auflösen. Backpulver und Mehl werden vermischt und mit Hilfe von einem Sieb über der Mischung verteilt. Das Eiweiß wird nun zu Schnee geschlagen und über dem Mehl verteilt. Nun wird alles durch Unterheben miteinander vermischt. In einer Springform kommt es bei 180 Grad in den Ofen und wird dort 45 Minuten gebacken.

Im nächsten Schritt geht es an die Buttercreme. Milch, Zucker und Vanillepuddingpulver werden zu einem Pudding gemacht. Dieser muss dann abkühlen. Idealerweise wird direkt über den Pudding Klarsichtfolie gelegt. Der Vorteil dabei ist, dass sich so keine Haut bilden kann. Die Butter sollte weich sein und wird nun schaumig gerührt und unter den Pudding Löffel für Löffel untergehoben. Damit die Creme gelingt, müssen sowohl der Pudding als auch die Butter die gleiche Temperatur haben.

Nachdem der Boden fertig gebacken ist, wird er aus der Springform genommen und zweimal durchgeschnitten. Wer hier für etwas Süße sorgen möchte, der kann nun Marmelade auf den Boden streichen. Nun kommt auf jeden Boden Buttercreme und alles wird aufeinander gestapelt. Mit der restlichen Buttercreme wird die Torte rundherum bestrichen. Im letzten Schritt geht es an die Dekoration. Mit einer Spritztülle kann Buttercreme in einer schönen Formation aufgetragen werden. Kirschen und Schokostreusel runden das Design dann ab.

Einen Kuchen gibt es, der durfte in den 1970er Jahren auf Omas Kaffeetafel ganz sicher nicht fehlen. Die glänzende Oberschicht ganz aus dunkler Schokolade der Donauwelle ist wohl vielen Kindern der Siebziger noch im Gedächtnis geblieben und auch heute noch weckt die Donauwelle schöne Erinnerungen an die Kindheit. Warum also nicht selber zum Rührbesen greifen und den Kuchen einfach einmal backen? Dafür werden folgende Zutaten benötigt:

Der Teig:

175 g Zucker
175 ml Öl
3 Eier
350 g Mehl
175 ml Milch
1 EL Kakao
3 TL Backpulver
1 EL Milch
1 Glas Sauerkirschen

Die Creme:

400 ml Milch
2 EL Zucker
250 g Butter
1 Vanillepudding (Pulver)

Die Glasur:

2 EL Nusscreme
1 EL Öl
200 g Schokolade (Zartbitter oder Vollmilch – je nach Geschmack)

Die Butter sollte für die Erstellung der Creme möglichst weich sein. Daher wird sie am besten schon vor dem Backen aus dem Kühlschrank genommen.

Das Pulver vom Vanillepudding wird nun mit dem Zucker verrührt und mit 50 ml Milch zu einer glatten Masse gerührt. Anschließend wird die restliche Milch für die Creme aufgekocht. Kocht sie, wird die Masse untergehoben und alles muss noch einmal kochen. Nun kommt die Masse in eine Schüssel und wird mit einer Folie verdeckt. Im Raum kühlt die Creme nun ab.

Der Ofen wird bei Ober- und Unterhitze auf 180° vorgeheizt. Das Blecht mit Backpapier auslegen. Für den Teig werden die Eier aufgeschlagen und mit dem Öl verbunden. Backpulver und Mehl werden zusammen mit der Milch drunter gerührt. Nun die Hälfte des Teigs abnehmen und glatt auf dem Blech verteilen. Die restliche Masse wird mit der Milch und dem Kakao zusammen verrührt und nun ebenfalls auf dem Blech verteilt. Die Kirschen abtropfen lassen und auf dem Teig auslegen. Nun kommt alles in den Ofen und wird für 30 Minuten gebacken. Nach der Backzeit den Teig heraus nehmen und auf dem Rost auskühlen lassen.

Die Butter sollte in der Zeit der Vorbereitung nun schön weich geworden sein. Mit einem Rührbesen kann sie nun zu einer Creme gerührt werden. Nun wird der Pudding mit einem Löffel nach und nach unter die Butter gehoben, bis die Creme entsteht. Sobald der Kuchenboden kalt geworden ist, kann die Creme darauf verteilt werden. Nun wird alles kalt gestellt.

Für den Guss wird die Schokolade im Wasserbad so lange erwärmt, bis sie flüssig geworden ist. Nun werden das Öl und die Nusscreme mit der Schokolade vermischt und es entsteht ein Schokoguss. Dieser wird auf dem Kuchen verteilt und dann glatt gestrichen. Teilweise wird auch eine leichte Welle in die Schokolade gemacht. Hierfür gibt es spezielle Utensilien, die dabei helfen können.

Zuckerkuchen – schnell gemacht und sehr beliebt

Wenn ein Geburtstag ins Haus stand, dann wurde Bleche weise direkt Zuckerkuchen gebacken. Der Zuckerkuchen wurde gerne mit Kokos zubereitet, da Kokos mit zu den liebsten Süßwaren in den 1970er Jahren gehörte. Das Rezept ist simpel und der Kuchen schnell gebacken. Dadurch, dass er recht trocken ist, lässt sich der Kuchen auch hervorragend von der Hand essen und es braucht keine Gabel und keinen Teller – ideal für die Party.

Folgende Zutaten werden für einen Zuckerkuchen benötigt:

2 Eier
2 Tassen Buttermilch
2,5 Tassen Zucker
4 Tassen Mehl
2 Tassen Kokosraspeln
1 Packung Backpulver
200 g Butter

Eier und 2 Tassen Zucker werden miteinander vermischt und schön schaumig gerührt. Nach und nach werden die weiteren Zutaten hinzugegeben. Buttermilch, zwei Eier und Mehl sowie das Backpulver kommen dazu. Der Rührteig wird relativ flüssig sein und sollte auf einem Tablett verteilt werden. Über den Teig wird dann eine Tasse mit Kokosraspeln gestreut. Die zweite Tasse wird anschließend mit dem restlichen Zucker vermischt. Der Ofen mit Ober- und Unterhitze wird auf 180 Grad erhitzt. Nun kommt der Kuchen für 20 Minuten in den Ofen. Wenn der Kuchen fertig ist, wird die Butter darüber gegeben. Dafür die Butter zerlaufen lassen und mit dem Löffel über den Kuchen drüber geben.

Dass in den 1970er Jahren alles gerne gefüllt wurde, ist schon lange kein Geheimnis mehr. Auch beim Kuchen war gut gefüllt halb genossen. Ein echtes Liebhaberstück war die Zitronenrolle. Der Vorteil: Sie war nicht zu süß und hat einen ganz besonderen Geschmack gehabt. Zudem kann sie innerhalb von einer kurzen Zeit zubereitet werden und ist nach einer Ruhezeit von zwei Stunden auch servierfertig. Für die Zubereitung einer Zitronenrolle braucht es folgende Zutaten:

200 g Sahne
3 Blatt Gelatine
4 Eier
40 g Mehl
80 g Zucker
Saft aus zwei Zitronen
40 g Speisestärke
100 g Zucker
2 Eigelb

Auf dem Backblech werden drei Lagen Zeitungspapier glatt ausgelegt und dann mit Backpapier ein Abschluss gebildet.

Im Stand werden die 4 Eier zusammen mit dem Zucker schaumig geschlagen. Anschließend werden die Speisestärke sowie das Mehl unter die Masse gehoben. Wichtig ist es, dass die Masse schön leicht und luftig bleibt. Nun wird sie auf das Blech gegeben und bei 180 Grad schließlich gebacken. Wenn der Backvorgang beendet ist, wird der Teig aus dem Ofen genommen und das Backpapier entfernt.

Der Zitronensaft aus den frischen Zitronen wird nun mit 2 Eigelb sowie 100 g Zucker gekocht und anschließend mit der aufgeweichten Gelatine zusammengeführt. Die Creme wird im nächsten Schritt nun unter die aufgeschlagene Sahne gehoben. Nun wird die Creme auf dem Boden aufgetragen und der Boden zusammengerollt. Mit Hilfe von einem Tuch lässt sich das Einrollen besonders leicht durchführen. Die Rolle kommt anschließend für zwei Stunden in den Kühlschrank. Nach der Kühlzeit wird sie entnommen, von dem Tuch befreit, mit Puderzucker bestäubt und kann dann serviert werden.

Diese Rezepte durften auf keiner Party fehlen

Es muss nicht immer unbedingt viel Aufwand sein, um Rezepte und kulinarische Highlights aus der Vergangenheit auf den Tisch zu bringen. Der Gedanke für schnell zubereitete Produkte geht beispielsweise in Richtung Mettigel, Fliegenpilze oder auch die beliebten Russischen Eier.

Wer gerne den Mettigel zubereiten möchte, der braucht dafür:

500 g Hackfleisch von Schwein oder Rind
2 große Zwiebeln
Salz und Pfeffer
Schwarze Oliven

Das Hackfleisch wird nach Belieben gewürzt und dann in die Form von einem Igel gebracht. Das Hack bleibt roh und wird so dann auch auf das Brötchen oder das Brot gegeben. Die Zwiebeln werden in lange Streifen geschnitten und stellen die Stacheln des Igels dar. Die Oliven werden als Augen gesetzt. Zudem können Zwiebeln als Dekoration für den Mund gesetzt werden.

Der Mettigel ist ein beliebtes Highlight und wird auch heute noch gerne auf Festen zubereitet. Wichtig ist, dass es sich um frisches Hackfleisch handelt. Dieses kann mit einem rohen Ei, Salz und Pfeffer und bei Bedarf auch mit Paprika angereichert werden. Wer den Igel nicht mit Zwiebeln versehen möchte, der kann auch für die Stacheln andere Lebensmittel nutzen. Dünn geschnittene Streifen von Möhren oder Paprika machen sich ebenso gut wie Zahnstocher. Wer sich für Zahnstocher entscheidet, der kann auf diese auch kleine Tomaten aufspießen. Generell gibt es verschiedene Möglichkeiten, den Igel zu verzieren.

Natürlich darf frisches Brot auf dem Tisch nicht fehlen, wenn der Mettigel serviert wird. Dies kann selbst zubereitet werden. Besonders gut schmeckt dunkles Vollkornbrot mit Mett oder auch ein helles Baguette. Wer möchte, der kann dazu Butter reichen und zusätzlich Salz zum Nachwürzen mit auf den Tisch stellen.

Auch Würstchen im Blätterteig sind ein gern gesehener Gast auf jeder Party. Zudem lassen sie sich einfach und schnell zubereiten. Blätterteig kann eingefroren aus der Kühlung gekauft werden. Dazu werden einfache Würstchen gekauft. Der Blätterteig wird mit Senf bestrichen und die Würstchen darin eingerollt. Anschließend kommt alles für rund 15 bis 20 Minuten in den Backofen. Dieser sollte auf 180°C erhitzt werden. Zu den Würstchen können Brot aber auch Ketchup oder Pommes gereicht werden.

Vielleicht erinnert sich der eine oder andere auch noch an die Fliegenpilze. Dafür werden Eier fest gekocht. Das Gelbe vom Ei darf nicht mehr flüssig sein. Die Eier werden oben und unten angeschnitten und dann mit einer Tomate aufgespießt. Tupfer aus Mayonnaise sind dann die Punkte von dem Fliegenpilz. Es kann aber auch Senf genutzt werden.

Fingerfood mal anders ist der Käse am Spieß. Käsewürfel und Weintrauben mit einem Zahnstocher aufgespießt waren der Blickfang. Sie verschwinden schnell im Mund, sind auch bei Kindern sehr beliebt und passen einfach immer. Wer statt Käse lieber Wurst nehmen möchte, der entscheidet sich einfach für die kleinen Cocktailwürste und kombiniert diese mit Schinken, Käse oder ebenfalls Weintrauben. Der Vorteil dabei: Die Häppchen werden ganz sicher immer alle.

Was ebenfalls nicht fehlen darf, sind die Spieße mit Schwarzbrot. Das sogenannte Pumpernickel ist ein angenehm feuchtes Brot und wurde mit Butter bestrichen und Käse belegt. Dann in Vierecke geschnitten und mit Spießen versehen. Die Häppchen verschwanden ebenfalls sehr schnell im Mund. Generell waren belegte Brötchen oder auch belegte Brote recht beliebt. Sie konnten schnell und einfach im Stehen gegessen werden und die Finger blieben sauber. Damit es nicht so langweilig auf dem Buffet war, gab es dazu gebratene Minischnitzel und natürlich Frikadellen. Diese durften reich an Zwiebeln sein und wurden zusammen mit Senf gereicht. Auch Bratenscheiben waren durchaus üblich. Sehr gut haben sich diese Angebote beispielsweise zu Kartoffelsalat oder zu Nudelsalat gemacht. Wer ein gutes Buffet zur Verfügung stellen wollte, der hat von allem etwas angeboten. So war für jeden das Richtige mit dabei.

Die Kinder der 1970er Jahre wurden reich beschenkt an Süßwaren und auch heute gibt es sie wieder – die Süßwaren der damaligen Zeit erleben ein echtes Revival und sind bis heute sehr beliebt. Allen voran die Kette aus Zuckerperlen. Die Perlen wurden einfach mit den Zähnen abgebissen. Sie waren auf ein Gummiband aufgespießt und konnten um den Hals oder um die Arme getragen werden. Allerdings brauchte es feste Zähne, um die Ketten wirklich abbeißen zu können. Auch die Leckmuscheln dürfen nicht fehlen. In den kleinen Plastikmuscheln waren Lollis verborgen. Was am Anfang noch wirklich witzig war, endete schnell in klebrigen Fingern und den Anstrengungen, möglichst alles aus den Muscheln heraus zu bekommen. Gern als Geschenk genutzt wurden die Schlagersüßtafeln oder Elfe Crack. Diese Schokolade war nicht nur erschwinglich sondern hat auch besonders gut geschmeckt.

Kinder konnte man immer eine Freude mit Puffreis machen. Die bunten Kugeln konnten die Kinder einfach in den Mund stecken und es prickelte auf der Zunge. Wer noch mehr Prickeln im Mund spüren wollte, der hat zu Brausepulver gegriffen. Schokoladenplätzchen mit den bunten Streuseln verschwanden schnell im Mund und haben jedem gut geschmeckt.

Der Kalte Hund war ebenfalls ein echter Klassiker. Die Kombination aus Butterkeks und Schokolade wird heute noch sehr gern gegessen. Hier gibt es verschiedene Rezepte. Alle haben jedoch eines gemeinsam. Sie sind schnell zubereitet und es muss nichts gebacken werden. Das war einer der Gründe, warum der Kalte Hund so beliebt war und heute noch ist. Mit diesem Rezept gelingt er sicher:

300 g Kokosfett
125 g Puderzucker
50 g Kakaopulver, echt
3 Eier
2 Packungen Butterkekse

Das Kokosfett wird bei Hitze in einem Topf erwärmt und sollte schmelzen. Dazu kommen die Eier, Puderzucker sowie Kakao und bei Bedarf auch ein Schuss Rum. In eine Kastenform wird nun Frischhaltefolie gelegt, damit der Kuchen gestürzt werden kann. Der Boden wird nun dünn mit der Creme bestrichen und mit Butterkeksen ausgelegt. Das wird dann Schritt für Schritt weiter gemacht, bis die Form voll ist. Die letzte Schicht sollte Creme sein. Die Form kommt nun für mindestens zwei Stunden in den Kühlschrank. Anschließend wird der Kuchen gestürzt und dann geschnitten.

Bei den Knabbereien waren die Erdnussflips ganz besonders beliebt. Sie standen immer auf den Tischen und konnten als kleiner Snack zwischendurch gegessen werden.

Reisetipps für ein Mini Budget

PRAXISTIPPS
NLP FÜR EINSTEIGER
Grundlagen und praktische Umsetzung
Uwe Klein

Impressum

Geschäftsanschrift Herausgeber:

Uwe Klein

Libanonstrasse 85
70186 Stuttgart

mail@marketing-tipps24.info

Bildnachweis:

Titelbild: © Depositphotos.com/destillat

70er Party: © Depositphotos.com/leszekglasner

Bowle: © Depositphotos.com/StephanieFrey

Toast Hawai: © Depositphotos.com/genious2000de

Made in the USA
Monee, IL
07 July 2026

56550370R00028